KB186590

폭력에 반대합니다

폭력에 반대합니다
ALDRIG VÅLD!

아스트리드 린드그렌

스티나 비르센 그림 / 이유진 옮김

유고

아스트리드 린드그렌

Astrid Lindgren

아스트리드 린드그렌은 1907년 스웨덴 스몰란드 지방의 작은 도시 빔메르뷔에서 태어나 2002년 스톡홀름 달라가탄 자택에서 생을 마감했습니다. 일생 동안 34권의 읽기책과 41권의 그림책을 펴냈는데 모두 합쳐 백 개 이상의 언어로 번역되었습니다. 『사자왕 형제의 모험』, 『내 이름은 삐삐 롱스타킹』으로 대표되는 린드그렌의 작품들은 아동문학의 고전으로 일컬어지고 있고, '어린이책의 노벨상'으로 불리는 한스 크리스티안 안데르센 상, 스웨덴 아카데미 대상 등 많은 상을 수상했으며, 영화와 텔레비전 드라마로 제작되어 세계 여러 나라에 방영되었습니다.

린드그렌은 어린이와 여성, 동물과 같이 약하고 억압받는 존재들을 위해 힘껏 목소리를 낸 활동

가이기도 했습니다. 특히 어린이와 동물의 권리를 지지하고 그들에게 가해지는 폭력에 대해 강하게 비판했습니다. 그녀 자신이 여성으로서 또 미혼모로서 사회적 폭력에 부딪친 젊은 시절을 보냈으며, 이를 통해 얻은 통찰을 외롭고 약한 존재들을 따뜻하게 위로하는 언어로 승화시켰습니다.

린드그렌은 1980년대 후반 수의사 크리스티나 포르슬룬드(Kristina Forslund)와 함께 스웨덴의 여러 일간지에 공장식 축산을 비판하는 기고문을 실었고, 동물에 대한 더 나은 대우를 요구하는 캠페인을 벌였습니다. 결국 이들의 활동은 후에 '린드그렌 법(Lex Lindgren)'이라고도 불리게 된 법의 제정으로 이어졌습니다. 린드그렌의 80세 생일에 발표된 이 법은 세계에서 가장 엄격한 동물 복지 관련 법이었습니다.

1978년 마르틴 부버, 헤르만 헤세와 같은 저명한 인사들이 수상한 바 있는 독일 출판서점협회 평화상을 어린이책 작가로서는 처음으로 수상하게 됩니다. 린드그렌은 수상 소감 연설문을 미리 받아본 주최 측으로부터 연설문을 "짧고 듣기 좋게" 수정해 달라는 요청을 받지만 단호히 거부하고 정치계 고위 인사들이 대거 참석한 시상식에서 연설문 전문을 가감 없이 읽어 내려갔습니다.

아동의 권리, 평등, 생태, 동물 복지를 위하는 동시에 폭력과 억압에 맞서 싸운 린드그렌의 업적은 매우 중요하고 독특합니다. 그녀는 헌신적인 인본주의자이자 스스로 생각하는 사람이었고, 용기와 진지함, 유머와 사랑으로 자신의 신념을 고수했습니다. 1994년 린드그렌은 "자연에 대한 사랑과 배려, 정의와 비폭력, 소수에 대한 헌신"이라는 공로로 '올바른삶재단(The Right Livelihood Foundation)'으로부터 대안 노벨상을 수상했습니다. 2002년 그가 세상을 떠난 후 스웨덴 정부는 '아스트리드 린드그렌 기념 문학상(Astrid Lindgren Memorial Award)'을 제정해 그 업적을 기리고 있으며, 2005년에는 린드그렌의 필사본을 비롯한 관련 기록들이 유네스코 세계 기록유산으로 지정되었습니다.

차례

각자의 선반에 돌멩이를 놓아둡시다

/ 마르타 산토스 파이스

(아동 폭력 유엔 사무총장 특별대표)

아스트리드 린드그렌은 가장 유명하고 널리 읽히는 스웨덴 작가로, 그가 쓴 책들은 수많은 언어로 옮겨졌습니다. 그의 많은 책들이 영화 스크린과 극장 무대에 올랐고, 평화에 대한 설득력 있는 메시지는 스웨덴뿐 아니라 전 세계의 어른들과 어린이들에게 세대를 거치며 영향을 미쳤습니다. 자신감 있고 행복하게 자라는 어린이, 존엄성을 존중받고 폭력으로부터 보호받는 어린이, 그럼으로써 꿈을 향해 나아가도록 지원받는 어린이에 대한 린드그렌의 고무적인 생각은 지금도 전 세계인들에게 지침이 되고 있습니다.

프랑크푸르트에서 독일 출판서점협회 평화상을 받은 1978년, 린드그렌은 연설문 "폭력에 반대합니다"를 처음으로 발표했습니다. 그는 수상을 수락하는 자리에서 한 소년의 이야기를 들려주었습니다. 소년이 잘못을

저지르자 어머니는 아들에게 벌을 받을 적당한 막대기나 매를 구해 오라고 합니다. 아이는 한참 후에 눈물을 흘리며 돌아와서는 매는 못 구했지만 어머니가 자기에게 던질 수 있는 돌멩이를 가지고 왔다고 말합니다. 어머니는 아이를 다정하게 끌어안습니다. 그리고 "폭력은 절대 안 돼!"라는 자신과의 약속을 끊임없이 상기시키는 수단으로 아이가 가져온 돌멩이를 부엌에 놓았습니다.

이 이야기는 본질적으로 유엔 아동권리협약의 이상적인 상(像)이기도 합니다. 유엔 아동권리협약은 역사상 가장 널리 비준된 인권 조약으로 어린이를 폭력으로부터 보호하는 것을 가장 중요한 목표로 삼고 있습니다. 폭력으로부터의 자유는 국제사회가 지속가능한 발전을 위한 글로벌 의제를 채택하면서 다 같이 지지하기로 서약한 기본 약속이기도 합니다. 이 의제에는 2030년까지 아동에 대한 모든 형태의 폭력을 근절한다는 명확한 목표 또한 포함되어 있습니다.

린드그렌의 모국인 스웨덴이 1979년 세계 최초로 아동 체벌을 법적으로 금지하는 조항을 채택한 사실은 분명 우연이 아닙니다. 체벌 금지법이 도입될 당시 회의론자들이 결코 적지 않았으나, 여러 연구 결과가 체벌 금지법 도입이 스웨덴 사회에서 부모의 태도와 행동을 바꾸는 데 결정적인 영향을 미쳤음을 보여주었습니다.

1960년대만 해도 스웨덴 부모의 절반 이상이 체벌에 대해 긍정적인 태도를 보였으며 95퍼센트가 실제로 체벌을 했음을 인정했던 것이 사실입니다. 그때는 양육에서 체벌을 훈육이나 교정의 필수적인 수단으로 용인하던 시기였습니다. 그러나 세월이 지나면서 부모들은 아이를 양육하는 새로운 방법을 배웠고 폭력적인 수단에 의존하지 않고 아이를 돌보고 보호하는 방법에 대해 새로운 기술과 경험을 쌓았습니다.

스웨덴의 획기적인 법을 바탕으로 현재 50

개국 이상이 가정 내 폭력을 포함한 아동에 대한 모든 형태의 폭력을 금지하는 법을 제정했으며, 다른 많은 나라들도 같은 움직임을 보이고 있습니다. 폭력이 어린이의 발달과 복지에 미치는 해로운 영향에 대해서는 많은 증거들이 있습니다. 견고한 사회적 보호 장치와 가족 지원 제도를 마련하고 유아기부터 지속적인 투자를 시작하는 것을 포함해 아동 폭력을 예방하기 위한 전략에 대해서도 견실한 연구가 나와 있습니다.

이는 매우 큰 발전입니다. 그러나 국제적 기준이나 약속과 수백만 어린이들의 일상생활 사이에는 큰 격차가 있습니다. 사실 아동에 대한 폭력은 여전히 광범위하게 만연해 있습니다. 5분마다 어린이 한 명이 폭력으로 숨집니다. 해마다 전 세계적으로 10억 명의 어린이들이 자신이 알고, 신뢰하고, 사랑하는 사람에 의해 정신적, 신체적 또는 성적 폭력을 당합니다. 이는 세계 어린이의 절반에 달하는 수치입니다!

폭력은 고통을 주고 평생 가는 상처를 남깁니다. 폭력은 어린이의 발달과 학습 능력, 학업 성취를 방해합니다. 긍정적인 관계 형성을 억제하고, 낮은 자아존중감, 정신적 고통, 우울증을 유발하며, 때로는 무분별한 위험 감수와 자해, 공격적인 행동을 초래합니다.

아동 폭력은 피해자에게 극심하고 지속적인 영향을 남기는데, 한편 사회가 치러야 할 경제적 비용 역시 그 못지않게 심각합니다. 폭력이 어린이들의 잠재력을 제한하고, 경제 성장을 늦추며 지속가능한 발전을 저해하기 때문입니다. 매년 세계 경제가 아동 폭력으로 인해 치러야 할 비용은 7천조 원에 달합니다.

아동 폭력을 근절한다는 것이 까마득한 목표로 보일지도 모릅니다. 그러나 이는 절대 미뤄서는 안 될 목표입니다. 아스트리드 린드그렌이 프랑크푸르트 연설에서 힘주어 말했듯이, 어린이들이 폭력과 함께 자라게 되면 이들 또한 어른이 되어서 폭력을 행사할 가능성이 크기 때문입니다.

오늘날의 연구 또한 이런 사실을 확인해줍니다. 아동 학대 피해자는 나중에 폭력에 가담할 가능성이 50퍼센트 더 높습니다. 신체적 또는 성적 학대의 이력이 있는 어린이들은 다른 어린이들에 대한 반응적 공격성과 언어적 공격성의 수준이 더 높습니다. 폭력에 노출된 어린이들은 또한 타인을 적대적으로 인식하는 동시에 스스로를 가치가 없다고 느낌으로써 자아상에 변화를 겪습니다. 이로 인해 이들은 위협이 존재하지 않을 때에도 위협을 인지하고, 감정을 통제하고 행동을 조절하는 능력을 잃을 수 있는데, 이는 결국 갈등 해결을 위해 공격성을 사용하는 것을 부추길 수 있습니다.

저는 아동 폭력 유엔 사무총장 특별대표로 일하면서 자신이 경험한 폭력, 그리고 그동안 감추어야 한다는 압박감을 느끼며 견뎌

온 정신적 외상에 대해서 기꺼이 함께 이야기 나누려는 어린이들을 헤아릴 수 없이 많이 만나는 특혜를 가졌습니다. 어디에 살든 나이가 어떻든 그들의 요청은 분명합니다. 폭력은 아동 발달의 주요 장애물이기에 시급히 종식해야 한다는 것입니다! 탄자니아의 어느 어린 소년이 최근 강조했듯이 "폭력 속의 삶은 삶이 아닙니다."

폭력, 공포 그리고 불안에 대해서 어린이들은 끊임없이 걱정합니다. 그러나 최악의 악몽의 구렁텅이에서 빠져나올 때도 어린이들은 회복력을 발휘하고, 너그럽습니다. 앞을 내다보고, 더 나은 세상에 대한 희망을 불어넣고, 지속적인 변화를 이루겠다는 결심을 북돋습니다.

어린이들의 삶에서 폭력을 종식하는 일은 무엇보다도 어린이의 인권에 대한 문제입니다. 이에 국제사회는 2030 지속가능 개발 의제를 통해 폭력 종식의 전략적 로드맵을

준비하고 있습니다.

우리는 이 역사적인 기회를 디딤돌 삼아 모든 어린이가 공포와 폭력 없이 살아갈 수 있는 세상을 향해 멈춤 없이 나아가야 합니다. 조금도 지체할 수 없음을 깊이 인식하며 앞으로 나아가야 합니다.

아스트리드 린드그렌의 이야기에 영감을 받아, 우리도 지구촌 세계의 선반에 "폭력은 절대 안 돼!"라는 말을 끊임없이 상기시키는 수단으로 돌멩이를 놓아둡시다.

모두 뜻을 모은다면, 우리는 어린이들을 위한 평화로운 세상을 이룰 수 있으며 나아가 우리 모두를 위한 평화 또한 이룰 수 있을 것입니다.

마리아 산토스 파이스
2018년 5월

1978년 독일 출판서점협회 평화상 수상 연설문

/ 아스트리드 린드그렌

친애하는 여러분!

먼저 감사의 인사를 드리고 싶습니다. 진심으로 감사합니다. 독일 출판서점협회 평화상은 광휘를 내뿜고 있습니다. 이런 상을 받게 되니 너무나 큰 영광이라 몸 둘 바를 모르겠습니다. 그러나 어쨌든 저는 지금 이 자리에 섰습니다. 바로 이곳에서 지난 수년간 많은 현명한 남성과 여성이 자신의 생각을 말하고 인류의 미래와 우리 모두가 갈망하는 영원한 평화에 대한 희망을 피력해왔습니다.

이미 말로 나온 것 이상으로, 저는 도대체 어떤 이야기를 더 할 수 있을까요?

평화에 대해 말한다는 것은 존재하지 않는 무언가에 대해 말하는 것입니다. 진정한 평화는 이 땅 어디에서도 찾아볼 수 없으며,

어쩌면 도달할 수 없음이 명백한 하나의 목표로만 존재해왔을 것입니다.

우리 인류가 이 행성에서 살아온 동안 우리는 폭력과 전쟁에 빠져 있었고, 그나마 존재하는 취약한 평화는 끊임없이 위협받고 있습니다.

바로 이 순간에도 세상은 우리 모두를 파멸시킬 새로운 전쟁의 공포에 빠져 있습니다. 그런 위협에 직면해 과거의 어떤 때보다 더 많은 사람이 평화와 군비 축소에 힘쓰고 있는 것 또한 사실입니다. 이는 희망일 수 있습니다. 그러나 희망을 품기는 너무 힘듭니다. 정치인들은 거창하게 무리를 지어 정상 회담에 모여서는 열띠게 군비 축소를 지지합니다. 하지만 그것은 어디까지나 다른 나라가 떠맡는 군비 축소일 뿐입니다. 우리 나라가 아니라 당신네 나라가 군비 축소를 해야해! 어느 나라도 먼저 나서고 싶어 하지 않고, 아무도 시작할 엄두를 내지 못하고 있습

니다. 모두가 몹시 두려워만 하면서 타국의 평화 의지를 못 믿다시피 하기 때문입니다.

군축회의가 양쪽 진영에서 번갈아 열리는 동안에도 인류 역사상 가장 광기 어린 군비 확산이 급속도로 진행되고 있습니다. 우리 모두가 두려움에 휩싸여 있는 것도 이상한 일이 아닙니다. 동쪽에 살든 서쪽에 살든, 북쪽에 살든 남쪽에 살든, 강대국에 살든 작은 중립국에 살든 마찬가지입니다.

새로운 대규모 전쟁이 인류 전체에 타격을 줄 것임을 우리는 알고 있습니다. 제가 폐허 더미 속에 죽어 쓰러져 있다면, 그 폐허 더미가 중립이든 그렇지 않든 결과는 크게 다르지 않습니다.

수천 년 동안 끊임없는 전쟁을 치른 지금, 인간을 계속해서 폭력으로 추동하는 어떤 결함이 인간 조건에 내재하고 있는 것은 아닌지 우리 스스로 물어봐야 할 때가 아닐까요? 우리는 타고난 공격성으로 인해 멸망할 수밖에 없는 운명일까요? 우리는 모두 평화를 염원합니다. 그렇다면 너무 늦기 전에 우리가 근본적으로 변화할 가능성은 없을까요? 폭력으로부터 멀어지는 법을 배울 가능성은? 단순히 새로운 인류로 거듭나기 위해 노력할 가능성은 없을까요? 그러자면 우리는 어떻게 해야 하며, 어디에서부터 시작해야 할까요?

저는 우리가 근본에서부터 시작해야 한다고 믿습니다. 어린이들과 함께 말이죠. 여러분은 어린이책 작가에게 평화상을 주셨습니다. 그렇다면 제게 어떤 거창한 정치적 견해나 국제적 문제 해결에 대한 제안을 기대할 순 없겠습니다. 저는 어린이들을 이야기하고 싶습니다. 어린이들에 대한 제 염려와 기대에 대해서 말입니다. 지금의 어린이들이 언젠가는 결국 이 세상을 떠맡을 것입니다. 만일 그때까지 세상이라고 할 만한 것이 남아 있다면 말이죠. 바로 어린이들이 전

쟁과 평화, 그리고 자신들이 원하는 세상에 관한 결정을 내릴 것입니다. 폭력이 계속 증식할 뿐인 사회를 원할 것인지, 아니면 서로 평화롭게 공동체를 이루며 살아가는 사회를 원할 것인지 말입니다. 도대체 어린이들이 우리가 이룩했던 것보다 더 평화로운 세상을 만들어낼 수 있으리라는 희망이 있을까요? 우리에게 선한 의지가 있었음에도 우리는 왜 그리도 성과가 부족했을까요?

나라와 세상의 운명을 좌지우지하는 사람들이 결코 뛰어난 능력과 신성한 통찰력을 지닌 신이 아님을 제가 아주 젊은 나이에 깨달았을 때, 그 깨달음이 저에게 얼마나 충격이었는지를 기억합니다. 그들은 저와 마찬가지로 인간적 나약함을 지닌 사람들이었습니다. 그러나 그들에게는 권력이 있었으며, 따라서 언제라도 그들을 조종하는 충동에 따라 가장 중대한 결정을 내릴 수 있었습니다. 혹여 운이 나빴더라면 오직 한 사람의 권력에 대한 욕망, 복수하고자 하는 열망,

허영과 탐욕으로 인해, 혹은 가장 흔한 경우일 텐데 폭력이 모든 상황을 가장 효과적으로 해결할 것이라는 과신으로 인해 전쟁이 일어날 수 있었습니다. 마찬가지로, 선하고 지각 있는 단 한 사람이 때로는 참사를 막을 수 있었습니다. 선하고 지각 있게 행동하고 폭력을 자제함으로써 말입니다.

여기에서 한 가지 결론만이 나올 수 있을 것입니다. 세상의 운명은 개인들에 의해 결정된다는 것이죠. 그렇다면 왜 그들은 모두 선하며 지각 있지 않았을까요? 왜 폭력과 권력만을 원하는 사람이 그리도 많았을까요? 어떤 사람들은 마음속에 사악한 의지를 타고나는 것일까요?

저는 그렇다고 믿을 수 없었으며 지금도 사실이 아니라고 믿습니다. 지성과 이해력은 타고나지만 아이들이 저절로 선하거나 악하게 싹이 트는 씨앗을 가지고 태어나는 것은 아닙니다. 한 아이가 공동체의 일원으로서 따뜻하고 열려 있으며 타인을 믿는 사람이 될지 아니면 냉혹하고 파괴적인 독불장군이 될지는 아이를 세상의 일원으로 받아들여 사랑의 의미를 깨우쳐주는—또는 사랑이 수반하는 것이 무엇인지를 깨우쳐주지 못하는—사람들에게 달려 있습니다. "요컨대 사람들은 자기가 사랑하는 사람에게서만 배우는 법이다." 괴테의 이 말은 진실이 틀림없습니다. 부모를 사랑하며 사랑으로 둘러싸인 아이는 부모로부터 자신의 주변을 향한 다정한 태도를 배우고 이런 태도를 평생 이어갑니다. 이는 그 아이가 세상의 운명을 결정하는 사람이 되지 않는다 해도 좋은 일입니다. 그러나 그 아이가 예상과 달리 정말 세상의 운명을 결정하는 사람 중 하나가 된다면, 그리고 기본적인 마음가짐이 폭력이 아니라 사랑이라면 우리 모두에게 다행일 것입니다. 미래의 위정자와 정치인조차도 그 인격은 다섯 살이 되기 전에 형성됩니다. 이는 무서운 일이지만 진실입니다.

만약 우리가 예로부터 어린이들을 어떻게 다루고 길러왔는지 되돌아본다면, 신체적으로든 정신적으로든 여러 형태의 폭력으로 어린이들의 의지를 꺾는 일이 너무도 자주 일반적인 것으로 받아들여졌다는 사실을 알 수 있을 겁니다. "자기가 사랑하는 사람", 자신의 부모가 가하는 폭력에서 첫 가르침을 받지 않은 어린이들이 얼마나 될까요? 그리고 이 학습은 세대에서 세대로 이어져 왔습니다. "매를 아끼면 아이를 망친다"라고 구약성서에 나와 있습니다. 많은 어머니와 아버지가 그 가르침을 따라왔습니다. 부모들은 부지런하게 회초리를 휘두르며 그것을 사랑이라고 말했습니다. 그러나 오늘날 이 세상에는 정말로 "망쳐진 아이들"이 너무나 많습니다. 독재자, 폭군, 압제자, 고문 가해자… 그들은 어떤 어린 시절을 보냈던 것일까요? 그들의 어린 시절은 어땠는지 반드시 조사해야 합니다. 저는 그들 대부분의 뒤에 회초리나 채찍을 휘두르는 폭군 같은 아버지 또는 다른 양육자가 있으리라 믿습니다.

문학에는 원한 가득한 어린 시절의 묘사가 적지 않습니다. 그 이야기에는 아이를 때려 순종하고 복종하게 만들면서 아이의 삶을 망쳐 놓다시피 하는 가정의 폭군들이 등장합니다. 그러나 다행히도 그런 종류의 부모만 있지는 않았습니다. 폭력을 휘두르지 않고 사랑으로 아이를 키우는 부모들 또한 고맙게도 언제나 있었습니다. 그러나 보통의 부모가 아이를 자신과 대등한 인간으로 여기고, 민주적인 가정 안에서 아이가 억압과 폭력 없이 각자의 개성을 마음껏 발달시킬 권리를 주기 시작한 것은 우리 세기에 들어와서야 처음 이루어진 일일 것입니다.

그렇다면 구태의연한 권위주의적 체제로 돌아가자는 외침이 느닷없이 나오기 시작할 때 절망하지 않을 수 있을까요? 이런 아우성이 현재 세상 곳곳에서 터져 나오고 있습니다. 사람들은 "더 엄격한 방식"과 "더 단

단한 고삐"를 요구하고 있습니다. 그렇게 하면 너무 많은 자유를 누리면서 너무 느슨하게 자라서 비롯되었다고들 하는 젊은이 특유의 버릇 없음을 뿌리 뽑을 수 있으리라고 믿습니다. 그러나 이는 사실 베엘제불(Beel-zebul)의 도움으로 악마를 쫓아내려 하는 시도이며 결국 더 많은 폭력을 초래해 세대 간 격차를 더 크고 위태롭게 만들기만 할 뿐입니다. 그들이 바라는 "더 엄격한 방식"은 표면적으로는 효과가 있어 그 방식의 지지자들이 개선으로 해석할 수 있을지 모릅니다. 폭력은 더 큰 폭력을 낳는다는 사실을 마침내 받아들일 수밖에 없을 때까지는요. 언제나 그래왔듯이 말입니다.

많은 부모가 이런 새로운 조짐을 분명 우려할 것입니다. 그리고 혹시 자신들이 잘못해온 것은 아닌지, 반권위주의적인 방식으로 아이를 키우는 것이 비난받을 일인지 불안해지기 시작할 것입니다. 그러나 그것은 반권위주의적인 양육이 잘못 이해될 때만 그

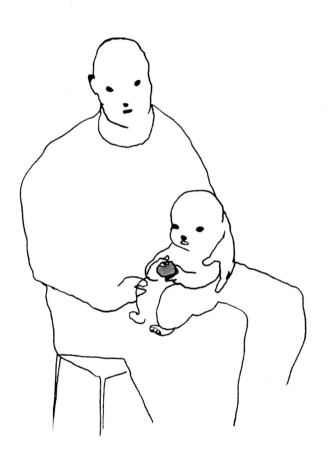

En sten,
när man är
liten

* 우리가 어렸을 때, 돌멩이 하나

렇습니다. 반권위주의적인 양육은 아이들을 아무렇게나 방치하고 내키는 대로 행동해도 상관하지 않는다는 뜻이 아닙니다. 그것은 아이들이 규준 없이 자라야 한다는 뜻이 아니며, 무엇보다 아이들도 그것을 원하지 않습니다. 어른도 아이도 자신의 행동에 대한 틀로서 일정한 규준이 필요하며, 어린이들은 다른 무엇보다도 부모의 행동을 통해서 더 많이 배웁니다. 물론 아이들은 부모를 존중해야 하나, 부모 또한 아이를 존중해야 하며 아이보다 언제나 우위에 있기 마련인 상황을 잘못 이용해서는 안 됩니다. 모두가 바라는 것은 이 세상 모든 부모와 아이들에게 서로에 대한 애정 어린 존중이 함께하는 것입니다.

더 엄격한 방식과 더 단단한 고삐를 열렬히 외치는 사람들에게 언젠가 어느 나이 지긋한 여성이 저에게 해주었던 이야기를 들려주고 싶습니다. 사람들이 여전히 "매를 아끼면 아이를 망친다"라는 말을 믿고 있었을 때

그녀는 젊은 어머니였습니다. 그녀는 사실
그 말을 믿지 않았습니다. 그러나 어린 아들
이 말썽을 저지른 어느 날, 이날만큼은 난생
처음 아이에게 매를 들어야겠다고 생각했
습니다. 그녀는 아이에게 나가서 회초리를
구해오라고 말했습니다. 어린 아들은 나가
서 오랫동안 돌아오지 않았습니다. 마침내
아이가 울면서 돌아와서는 이렇게 말했습
니다.

"회초리는 못 찾았어요. 그치만 엄마가 저한
테 던질 수 있는 돌멩이를 구해 왔어요."

그 말을 듣고 엄마는 눈물을 터뜨리고 말았
습니다. 불현듯 아이의 눈에서 모든 것이 보
였기 때문입니다. 아이는 틀림없이 이렇게
생각했을 것입니다.

'엄마는 나를 아프게 하고 싶어 해. 그렇다
면 돌멩이도 괜찮을 거야.'

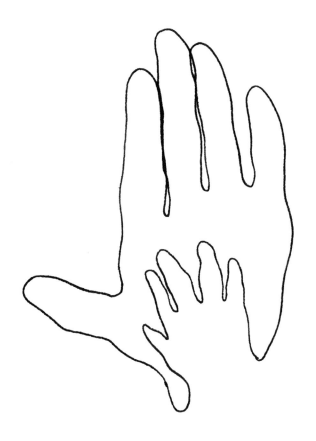

엄마는 두 팔을 벌려 아이를 끌어안았습니다. 둘은 그렇게 함께 울었습니다. 그러고 나서 엄마는 아이가 가져온 돌멩이를 부엌 선반 위에 올려두었습니다. 돌멩이는 계속 그곳에 놓여 있으면서 엄마가 그 순간 스스로에게 한 약속을 영원히 일깨우게 되었습니다. 폭력은 절대 안 된다는 약속 말입니다.

하지만 만일 지금 우리가 어떤 폭력도 쓰지 않고 고삐를 느슨하게 쥐고서 아이들을 키운다면, 영원한 평화 속에서 살아가는 새로운 인류를 만들어낼 수 있을까요? 어린이책 작가만이 그렇게 단순한 것을 희망할 수 있겠죠! 그것이 이상향임을 저는 너무나 잘 알고 있습니다. 또한 당연하게도 우리의 불쌍하고 병든 세상이 평화를 얻기 위해서는 다른 많은 것들 또한 바뀌어야 할 것입니다. 하지만 지금 전쟁은 없더라도, 세상에는 잔인함과 폭력과 억압이 상상도 못할 정도로 넘쳐나고 있습니다. 그리고 사실 어린이들도 그에 대해 모르지 않습니다. 어린이들은 그에 대해 날마다 보고 듣고 읽으면서 마침 내는 폭력을 자연스러운 상황으로 믿을 것입니다. 적어도 우리의 가정에서만이라도 나름대로 본을 보임으로써 세상을 살아가는 다른 방식이 있음을 보여주어야 하지 않을까요? 우리의 부엌 선반에 작은 돌멩이를 하나 올려둔다면 좋겠습니다. 어린이들과 우리 스스로에게 "폭력에 반대합니다"라는 말을 계속해서 상기시키는 수단으로 말입니다.

그 모든 것에도 불구하고, 이는 마침내 세상의 평화에 작은 보탬이 될 것입니다.

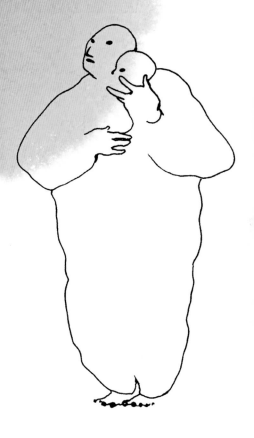

내가 신이라면…

/ 아스트리드 린드그렌

내가 신이라면
나는 울리라
내 모습을 본떠
내가 만들어냈던
인간을 슬퍼하며.
나는 어떻게 울까
인류의 악과
비열함과
잔인함과
어리석음과
인간의 가련한 선함과
속수무책의 절망과
슬픔을 슬퍼하며.

그리고 나는 어떻게 울까
인간의 비통함과
영원한 굶주림,
불안과
죽음의 공포와
적막한 고독과
인간의 운명,
그 비참한 운명과
눈이 보이지 않아 더듬거리며
누군가를… 누군가를 찾는 모습을 슬퍼하며!
아마도 나를 찾는!

그리고 나는 어떻게 울까
모든 죽음의 비명과
헛되이
너무나도 헛되이 흐르는
모든 피를 슬퍼하며
굶주림과
절망과
곤경과
그리고 모든 광기 어린 고통과
고독한 죽음을 슬퍼하며
비명을 지르고 또 지르는
고문받는 사람들을 슬퍼하고
고문하는 사람들을
훨씬 더 슬퍼하며.

그러고 나서 모든 어린이를,
모든, 모든 어린이를,
무엇보다도 그들을 위해
나는 울리라.
그래, 내가 신이라면
분명히 어린이들을 위해
많이도 울리라,
아이들이 이렇게 되리라고
나는 생각지 않았기에.

강물처럼, 강물처럼
나는 울리라,
내 눈물의 거대한
강물 속에서
내 모든 불쌍한 사람들이
삶을 마칠 수 있도록,
그리고 마침내
고요해지도록.

린드그렌의 목소리는 여전히 매우 의미 심장합니다

/ 토마스 함마르베리

(유엔 아동권리위원회 1기 위원 및 인권 자문)

아스트리드 린드그렌이 1978년 독일 출판 서점협회 평화상 수상을 위해 프랑크푸르트로 초청을 받아 갔을 때, 그가 어린이들을 위해—어린이들에 대해—쓴 책들은 오래 전부터 스웨덴에서 멀리 떨어진 곳의 독자들에게까지 전해져 읽혔습니다.

하지만 린드그렌이 준비한 연설문은 주최 측의 마음에 들지 않았고 그는 연설하지 말아 달라는 요청을 받았습니다. 그의 메시지가 매우 논쟁적으로 여겨졌던 것입니다. 그러나 린드그렌의 반응은 확고했습니다. 어린이들과 함께 그리고 어린이들을 위해 어떻게 더 평화로운 세상을 만들지에 대한 자신의 생각을 밝히지 못한다면, 그는 절대 가지 않을 작정이었습니다. 결국 주최 측은 물러섰고, 린드그렌은 프랑크푸르트로 가서 연설을 했습니다. 그 연설이 바로 『폭력에 반대합니다』입니다.

그의 메시지가 도발적으로 여겨졌다는 사실은 놀랍지 않았습니다. 어린이의 고유한 능력과 권리에 대한 린드그렌의 생각은 분명히 자신의 시대를 앞섰습니다. 오늘날에도 여전히 그의 생각은 세상의 여러 권력자들을 포함해 적잖은 사람들에게 받아들여지지 않는 것이 사실입니다.

이 시기에 린드그렌은 스웨덴의 아동 체벌 금지의 가장 중요한 지지자였습니다. 그는 어떤 상황에서도 어린이에게 폭력이 행사되는 것을 용납할 수 없었습니다. 어른은 폭력을 사용해 자신의 의견을 강요할 것이 아니라 어린이를 존중하면서 자신의 견해와 그에 대한 이유를 설명해야 합니다. 린드그렌은 어린이들이 다른 어떤 것보다도 부모의 행동에서 더 많은 것을 배운다고 생각했습니다. 그는 또한 반권위주의적 양육과 규준 없이 크는 일을 근본적으로 구별했습니다. 어른뿐만 아니라 어린이에게도 도덕적인 나침반이 필요합니다. 어린이는 부모를 존중해야 하고 어른 또한 자녀를 존중해야 합니다. 사랑과 상호존중이 린드그렌의 이상이었습니다.

스웨덴에서는 이 시기에 이미 학교와 아동 거주 기관에서 신체적 체벌을 금지했습니다. 이제 논의의 관건은 가족 내에서를 비롯한 다른 상황에서 어린이를 어떻게 대해야 하느냐에 관한 것이었습니다. 많은 어린이가 자신들을 보호하고 지지해야 할 어른에게서 가정폭력을 당했다는 사실이 알려졌습니다.

린드그렌이 프랑크푸르트에서 연설한 지 1년 후, 스웨덴은 세계 최초로 가정을 비롯한 모든 상황에서 아동 체벌을 전면 금지하는 제도를 도입했습니다. 시간이 흐르면서 다른 나라들 또한 같은 길을 따랐습니다. 유엔 아동권리협약의 채택과 비준은 이런 움직임을 촉진했습니다.

유니세프, 그리고 세이브더칠드런 같은 비정부기구들은 아동 권리에 대한 이러한 태도 변화의 확산에 있어서 중요한 역할을 했습니다. 오늘날 백 개 이상의 유엔 회원국들은 아동 체벌을 금지했거나 금지하기로 공식적으로 약속했습니다.

이제 초점은 이런 단계들을 실행에 옮기고 이 중요한 보편적 인권 규범에 아직 자발적으로 서명하지 않은 정부들을 회유하는 데 있습니다.

진전은 확실히 이루어졌으나, 여전히 전 세계에서 많은 어린이가 폭력으로 고통받고 있습니다. 슬픈 사실은 가장 취약한 사람들이 가장 보호를 적게 받는 사람들이라는 점입니다. 군벌들은 아동 권리에 관한 법을 무시하고, 학교와 병원들은 폭격을 당하며, 미성년자들은 강제로 소년병이 됩니다. 가난한 난민 수용소에서는 수용자의 대부분이 어린이들이며, 이들은 학교와 같은 교육 지

원을 받지 못하기 일쑤입니다. 이른바 선진 국에서도 아동 빈곤이 만연하며, 많은 어린 이가 성적으로 착취당하고 있습니다.

이렇게 이어지는 폭력은 인간 스스로 자행한 일임을 이해하는 것이 중요합니다. 이는 주로 정치적 결정에서 비롯됩니다. 또는 아동 권리에 대한 존중과 공정성에 바탕을 두는 결정의 부재에서 비롯되기도 합니다.

어린이들을 보호하기 위한 개혁은 가능합니다. 유엔 아동권리위원회에 있었을 때 저는 여러 나라의 최고위급 정치인들이 아동 폭력에 대한 팽배한 우려에 대해 얼마나 눈을 감고 있는지를 거듭 확인할 수 있었습니다. 그들에게는 다른 우선순위들이 있었습니다.

저는 미성년자들이 가장 가혹하고 원시적인 상황에 처해 있는 감옥들을 방문했습니다. 그리고 의사결정권자들에게 이에 대해

지적했을 때 저는 그들이 이런 곳에는 전혀 가보지 않는다는 사실을 알게 되었습니다. 장애 어린이들이 거주하는 기관도 마찬가지였습니다. 이 어린이들은 보이지 않게 된 것입니다.

최고위급 정치인들은 가끔, 특히 선거철에 어린이들에 대해 멋진 연설을 하지만, 중요한 순간에 이르면 그 멋진 말들은 가치가 그닥 없습니다. 문제는 여전히 그곳에 남아 있습니다. 비폭력 메시지의 더 깊은 의미는 가장 힘 있는 사람들 사이에서 충분히 받아들여지지 않고 있습니다.

또한, 좀 더 장기적인 전망은 사라졌습니다. 린드그렌이 프랑크푸르트 연설에서 주장했듯이, 지속가능한 진정한 평화는 어린이에 대한 존중에서 시작됩니다. 폭력은 세대에서 세대로 이어지는 경향이 있습니다. 우리는 폭력을 사용하는 사람들이 어린 시절에 자주 매를 맞고 그 외 여러 유형의 학대를 당했다는 사실을 알고 있습니다. 린드그렌의 말처럼 오늘의 어린이들이 언젠가 내일의 세상을 이끌어갈 것이기에 이런 악순환은 깨져야 합니다. 따라서 다음 세대가 따뜻하고, 열려 있으며, 타인을 믿는 사람으로 자랄 기회를 갖는 일이 더욱 중요해집니다.

40년 전 이런 생각들은 논쟁적이었습니다. 물론 오늘날에는 보다 널리 받아들여지고 있지만, 린드그렌의 메시지는 여전히 매우 유효합니다. 이는 젊은이들에 대한 더 엄격한 양형 체계에 대한 요구는 즉각 중단되어야 한다는 린드그렌의 의견과 궤를 같이합니다. 그는 그런 방식은 더 많은 폭력 그리고 더 크고 더 위태로운 세대 격차를 초래할 뿐이라고 확신했습니다.

지금, 린드그렌의 목소리는 여전히 매우 의미심장합니다.

토마스 함마르베리

2018년 5월

스티나 비르센

스웨덴의 일러스트레이터이자 독립 예술가. 스웨덴 미술공예디자인대학 콘스트팍(Konstfack)을 졸업한 후 일간지 『다겐스 뉘헤테르』의 일러스트 부서 책임자로 일했다. 이후 프리랜서로 활동하면서 어린이책은 물론 신문, 잡지, 캠페인 등 다양한 매체에 일러스트 작업을 했다. 엘사 베스코브상, 『엑스프레센』의 헤파클룸펜상, 스톡홀름 시 문화상, 북유럽 일러스트레이터협회상 등을 수상했다. 어머니 카린 비르센과 함께 작업한 '루트와 크누트' 시리즈, '얼룩덜룩' 시리즈, '누가' 그림책 시리즈 등 많은 어린이책을 펴냈다.

이유진

한국외국어대학교 대학원 영어영문학과와 스웨덴 스톡홀름대학교 문화미학과에서 문학석사 학위를 받았다. 노르웨이, 덴마크, 스웨덴의 문학작품을 우리말로 옮기고 있다. 옮긴 책으로 『여름의 잠수』, 『내가 아닌 누군가를 생각해』, 『내 안의 새는 원하는 곳으로 날아간다』, 『할아버지의 마지막 모험』과 토베 얀손의 '무민 연작소설', '무민 클래식 시리즈', '무민 골짜기 이야기 시리즈' 등이 있다.

폭력에 반대합니다

초판 1쇄 2021년 5월 5일

지은이 아스트리드 린드그렌
그린이 스티나 비르센
옮긴이 이유진
펴낸이 이재현, 조소정
펴낸곳 위고
제작 세걸음

출판등록 2012년 10월 29일 제406-2012-000115호
주소 경기도 파주시 회동길 290 206-제5호
전화 031-946-9276
팩스 031-946-9277

hugo@hugobooks.co.kr
hugobooks.co.kr

ISBN 979-11-86602-62-1 03040